Impressum
Verlag: BABADADA GmbH, Nedderfeld 112 , 22529 Hamburg
Geschäftsführer / Verlagsleitung: Harald Hof
Druck: Books on Demand GmbH, In de Tarpen 42, 22848 Norderstedt

Imprint
Publisher: BABADADA GmbH, Nedderfeld 112 , 22529 Hamburg, Germany
Managing Director / Publishing direction: Harald Hof
Print: Books on Demand GmbH, In de Tarpen 42, 22848 Norderstedt

colegio
skola

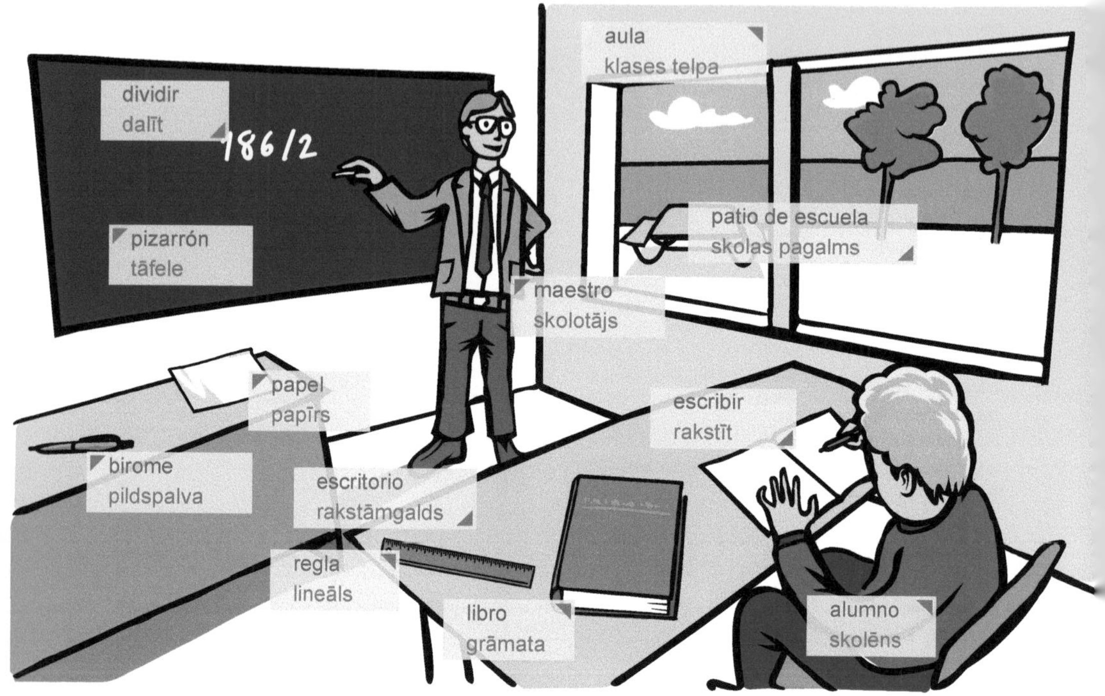
aula
klases telpa
dividir
dalīt
186/2
pizarrón
tāfele
maestro
skolotājs
patio de escuela
skolas pagalms
papel
papīrs
escribir
rakstīt
birome
pildspalva
escritorio
rakstāmgalds
regla
lineāls
libro
grāmata
alumno
skolēns

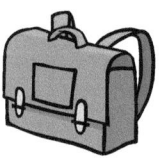

mochila

skolas soma

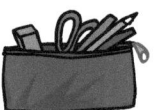

caja de lápices

penālis

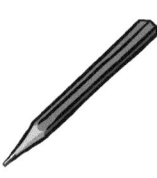

lápiz

zīmulis

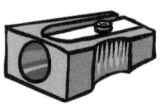

sacapuntas

zīmuļu asināmais

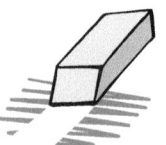

goma (de borrar)

dzēšgumija

bloc de dibujo

zīmēšanas bloks

dibujo

zīmējums

pincel

ota

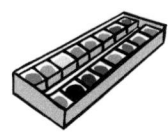

caja de pinturas

krāsas

tijera

šķēres

pegamento

līme

cuaderno de ejercicios

darba burtnīca

tarea

mājas darbs

número

skaitlis

2+2

sumar

saskaitīt

5-2

restar

atņemt

2×2

multiplicar

reizināt

calcular

rēķināt

A

letra

burts

abecedario

alfabēts

palabra

vārds

texto

teksts

leer

lasīt

tiza

krīts

lección

mācību stunda

cuaderno de clase

žurnāls

examen

eksāmens

certificado

liecība

uniforme escolar

skolas forma

educación

izglītība

enciclopedia

enciklopēdija

universidad

universitāte

microscopio

mikroskops

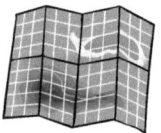

mapa

karte

tacho (de basura)

papīrgrozs

viaje

ceļojums

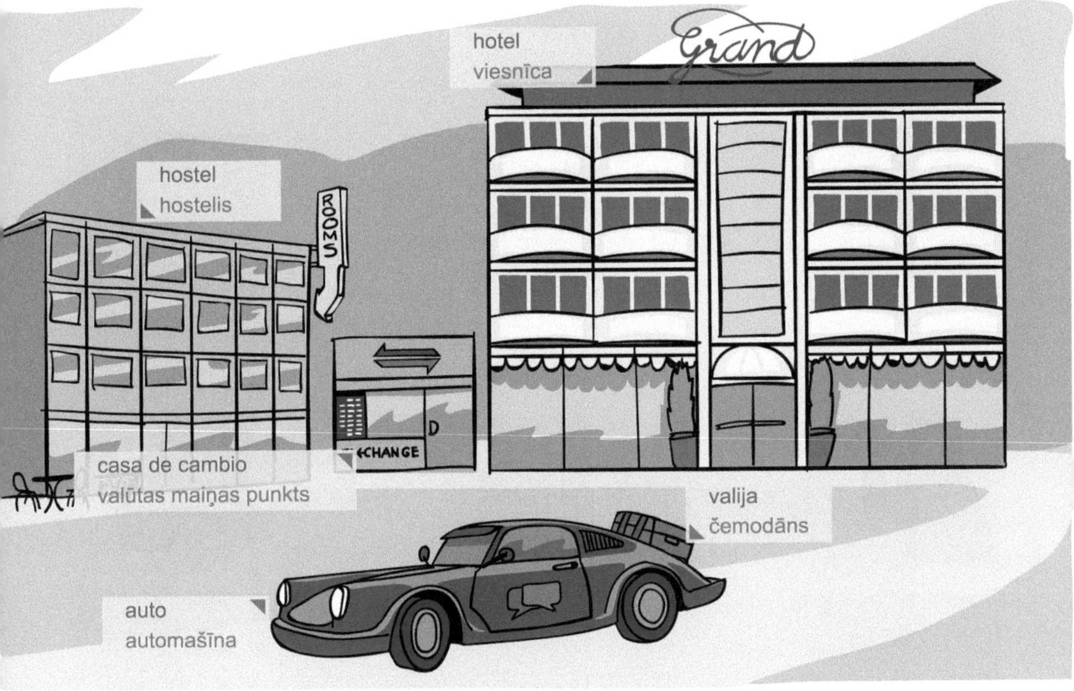

hotel
viesnīca
Grand
hostel
hostelis
ROOMS
EXCHANGE
casa de cambio
valūtas maiņas punkts
valija
čemodāns
auto
automašīna

idioma

Valoda

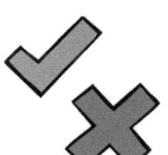

sí / no

jā / nē

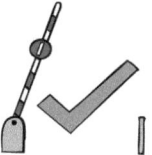

Está bien

Okay

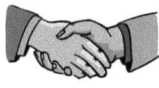

hola

Sveiki!

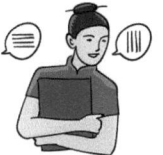

traductor

tulks

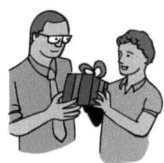

Gracias

paldies

¿cuánto cuesta...?

Cik maksā...?

No entiendo

Es nesaprotu

problema

problēma

¡Buenas tardes!

Labvakar!

¡Buenos días!

Labrīt!

¡Buenas noches!

Ar labu nakti!

adiós

Uz redzēšanos

dirección

virziens

equipaje

bagāža

bolso

soma

mochila

mugursoma

invitado

viesis

habitación

istaba

bolsa de dormir

guļammaiss

carpa

telts

información turística

tūrisma informācija

playa

pludmale

tarjeta de crédito

kredītkarte

desayuno

brokastis

almuerzo

pusdienas

cena

vakariņas

pasaje

biļete

ascensor

lifts

sello

pastmarka

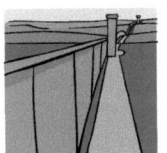

frontera

robeža

aduana

muita

embajada

vēstniecība

visa

vīza

pasaporte

pase

transporte
transports

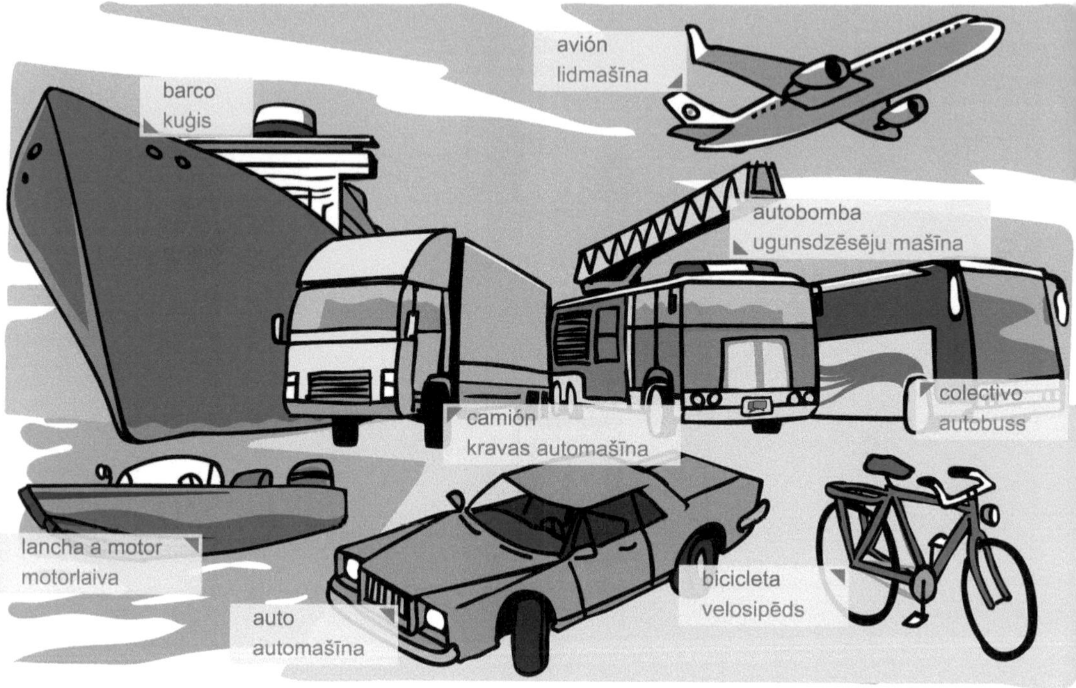
avión
lidmašīna
barco
kuģis
autobomba
ugunsdzēsēju mašīna
colectivo
autobuss
camión
kravas automašīna
lancha a motor
motorlaiva
bicicleta
velosipēds
auto
automašīna

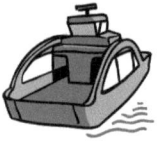

ferry
prāmis

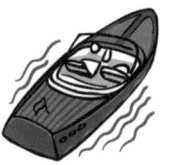

bote
laiva

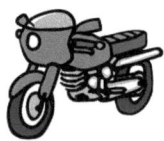

moto
motocikls

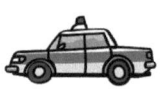

patrullero
policijas automašīna

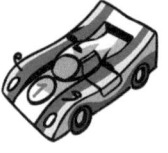

auto de carreras
sacīkšu automobilis

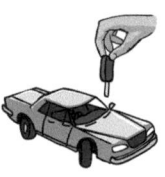

auto de alquiler
nomas auto

alquiler de autos

auto koplietošana

grúa

evakuators

camión de basura

atkritumu mašīna

motor

dzinējs

nafta

benzīns

estación de servicio

degvielas uzpildes stacija

señal de tránsito

ceļa zīme

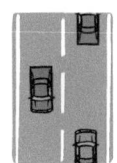

tránsito

satiksme

embotellamiento

sastrēgums

estacionamiento

stāvvieta

estación de tren

dzelzceļa stacija

vías

sliedes

tren

vilciens

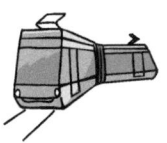

tranvía

tramvajs

vagón

vagons

helicóptero

helikopters

aeropuerto

lidosta

torre

tornis

pasajero

pasažieris

contenedor

konteiners

caja de cartón

kaste

carretilla

ratiņi

canasta

grozs

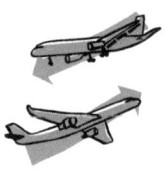

despegar / aterrizar

pacelties / nosēsties

ciudad

pilsēta

pueblo

ciems

centro de ciudad

pilsētas centrs

casa

māja

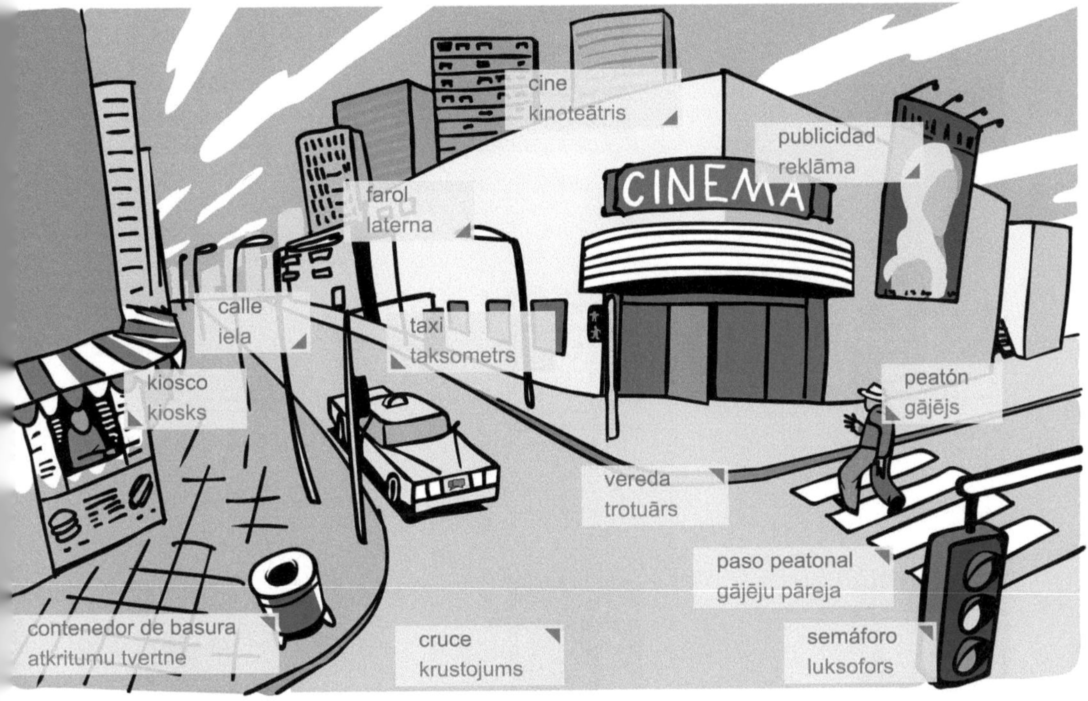

cine
kinoteātris

publicidad
reklāma

farol
laterna

calle
iela

taxi
taksometrs

CINEMA

kiosco
kiosks

peatón
gājējs

vereda
trotuārs

paso peatonal
gājēju pāreja

contenedor de basura
atkritumu tvertne

cruce
krustojums

semáforo
luksofors

cabaña

būda

departamento

dzīvoklis

estación de tren

dzelzceļa stacija

municipalidad

rātsnams

museo

muzejs

colegio

skola

universidad

universitāte

banco

banka

hospital

slimnīca

hotel

viesnīca

farmacia

aptieka

oficina

birojs

librería

grāmatnīca

negocio

veikals

florería

ziedu veikals

supermercado

lielveikals

mercado

tirgus

grandes tiendas

tirdzniecības centrs

pescadería

zivju tirgotājs

centro comercial

tirdzniecības centrs

puerto

osta

parque

parks

banco

sols

puente

tilts

escaleras

kāpnes

subte

metro

túnel

tunelis

parada del colectivo

autobusa pieturvieta

bar

bārs

restaurante

restorāns

buzón

pastkastīte

letrero

ielas nosaukuma plāksne

parquímetro

stāvlaika skaitītājs

zoológico

zooloģiskais dārzs

pileta

peldbaseins

mezquita

mošeja

granja
zemnieku saimniecība

contaminación
vides piesārņojums

cementerio
kapsēta

iglesia
baznīca

juegos infantiles
spēļu laukums

templo
templis

paisaje
ainava

hoja
lapa

poste indicador
ceļrādis

camino
ceļš

pradera
pļava

piedra
akmens

excursionista
ceļotājs

árbol
koks

río
upe

hierba
zāle

flor
puķe

valle

ieleja

montaña

kalns

lago

ezers

bosque

mežs

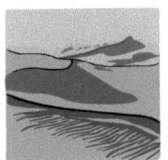

desierto

tuksnesis

volcán

vulkāns

castillo

pils

arco iris

varavīksne

champiñón

sēne

palmera

palma

mosquito

moskīts

mosca

muša

hormiga

skudra

abeja

bite

araña

zirneklis

escarabajo

vabole

rana

varde

ardilla

vāvere

erizo

ezis

liebre

zaķis

lechuza

pūce

pájaro

putns

cisne

gulbis

jabalí

meža cūka

ciervo

briedis

alce

alnis

presa

aizsprosts

aerogenerador

vēja ģenerators

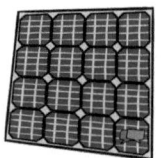

panel solar

saules baterija

clima

klimats

restaurante

restorāns

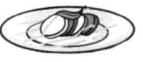

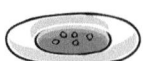

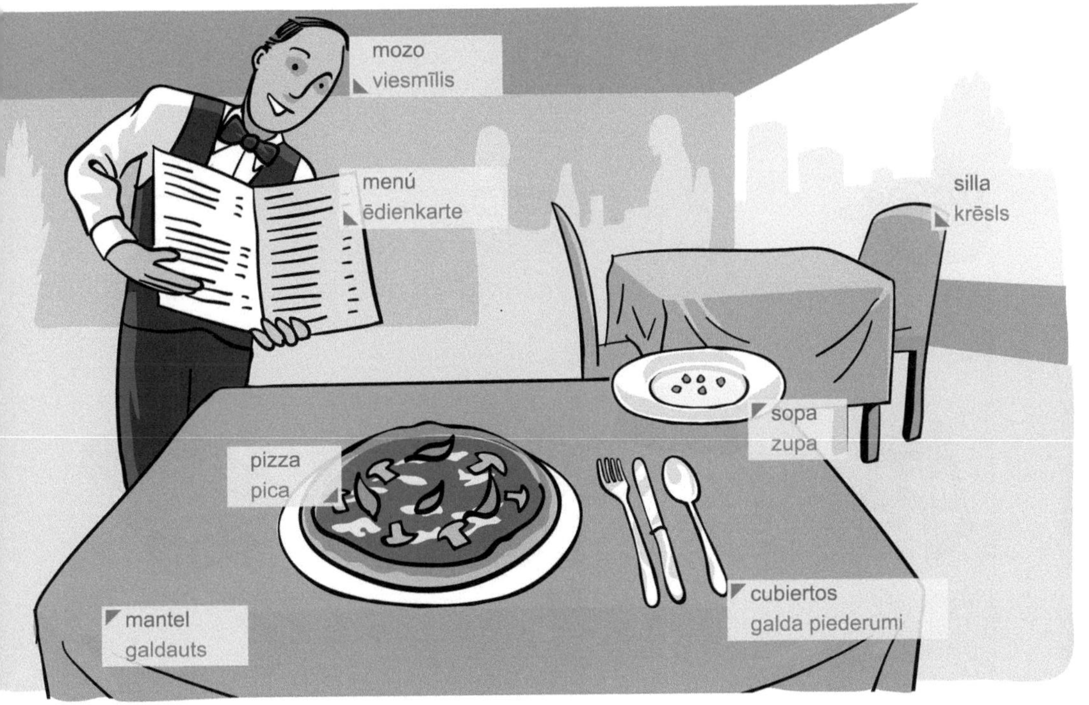
mozo
viesmīlis
menú
ēdienkarte
silla
krēsls
sopa
zupa
pizza
pica
cubiertos
galda piederumi
mantel
galdauts

entrada

uzkoda

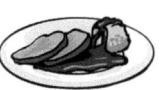

plato principal

pamatēdiens

postre

deserts

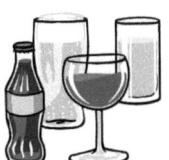

bebidas

dzērieni

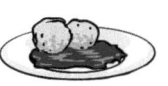

comida

ēdiens

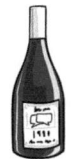

botella

pudele

comida rápida

ātrās uzkodas

comida callejera

ielu uzkodas

tetera

tējkanna

azucarera

cukurtrauks

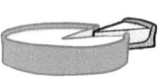

porción

porcija

cafetera expreso

espresso kafijas automāts

sillita alta

bāra krēsls

cuenta

rēķins

bandeja

paplāte

cuchillo

nazis

tenedor

dakša

cuchara

karote

cucharita

tējkarote

servilleta

salvete

vaso

glāze

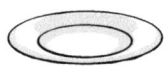

plato
škīvis

plato hondo
zupas šķīvis

plato
apakštase

salsa
mērce

salero
sāls trauciņš

molinillo de pimienta
piparu dzirnaviņas

vinagre
etiķis

aceite
eļļa

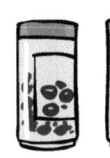

especias
garšvielas

kétchup
kečups

mostaza
sinepes

mayonesa
majonēze

supermercado
lielveikals

oferta especial
piedāvājums
FOR
cliente
klients
lácteos
piena produkti
fruta
augļi
changuito
iepirkumu ratiņi

BUTCHERS

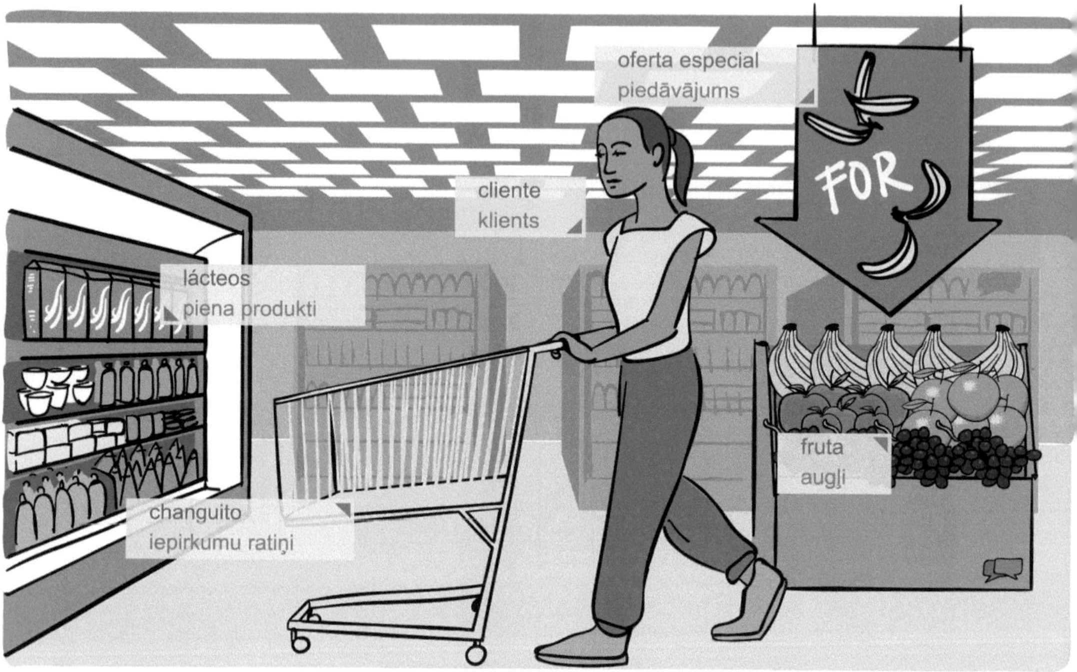

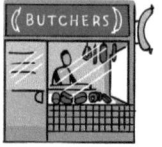

carnicería

kautuve

BAKERY

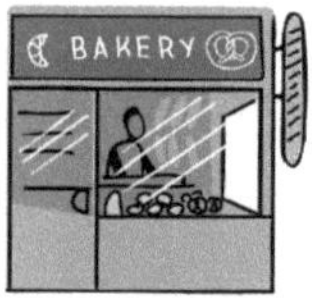

panadería

maizes veikals

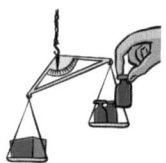

pesar

svērt

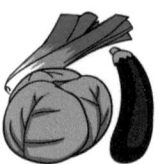

verduras

dārzeņi

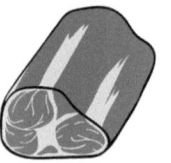

carne

gaļa

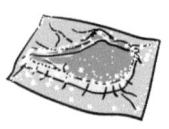

alimentos congelados

saldēti produkti

fiambres

aukstās gaļas uzkodas

alimentos enlatados

konservi

detergente en polvo

pulveris

golosinas

saldumi

electrodomésticos

mājsaimniecības preces

productos de limpieza

tīrīšanas līdzeklis

vendedora

pārdevēja

caja

kase

cajero

kasieris

lista de compras

iepirkumu saraksts

horario de atención

darba laiks

billetera

maks

tarjeta de crédito

kredītkarte

cartera

soma

bolsa de plástico

maisiņš

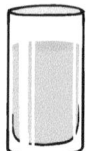

agua

ūdens

jugo

sula

leche

piens

bebida cola

kola

vino

vīns

cerveza

alus

alcohol

alkohols

cacao

kakao

té

tēja

café

kafija

café expreso

espresso

cappuccino

kapučīno

banana

banāns

manzana

ābols

naranja

apelsīns

melón

melone

limón

citrons

zanahoria

burkāns

ajo

ķiploks

bambú

bambuss

cebolla

sīpols

champiñón

sēne

nueces

rieksti

fideos

makaroni

tallarines

spageti

arroz

rīsi

ensalada

salāti

papas fritas

frī kartupeļi

papas fritas

cepti kartupeļi

pizza

pica

hamburguesa

hamburgers

sándwich

sviestmaize

churrasco

šnicele

jamón

šķiņķis

salame

salami

salchicha

desa

pollo

vista

asado

cepetis

pescado

zivs

copos de avena

auzu pārslas

muesli

muslis

copos de maíz

brokastu pārslas

harina

milti

medialuna

radziņš

pancito

brokastu maizītes

pan

maize

tostada

tostermaize

galletitas

cepumi

manteca

sviests

cuajada

biezpiens

torta

kūka

huevo

ola

huevo frito

cepta ola

queso

siers

helado
saldējums

azúcar
cukurs

miel
medus

mermelada
marmelāde

pasta de chocolate
riekstu krēms

curry
karijs

granja
zemnieku saimniecība

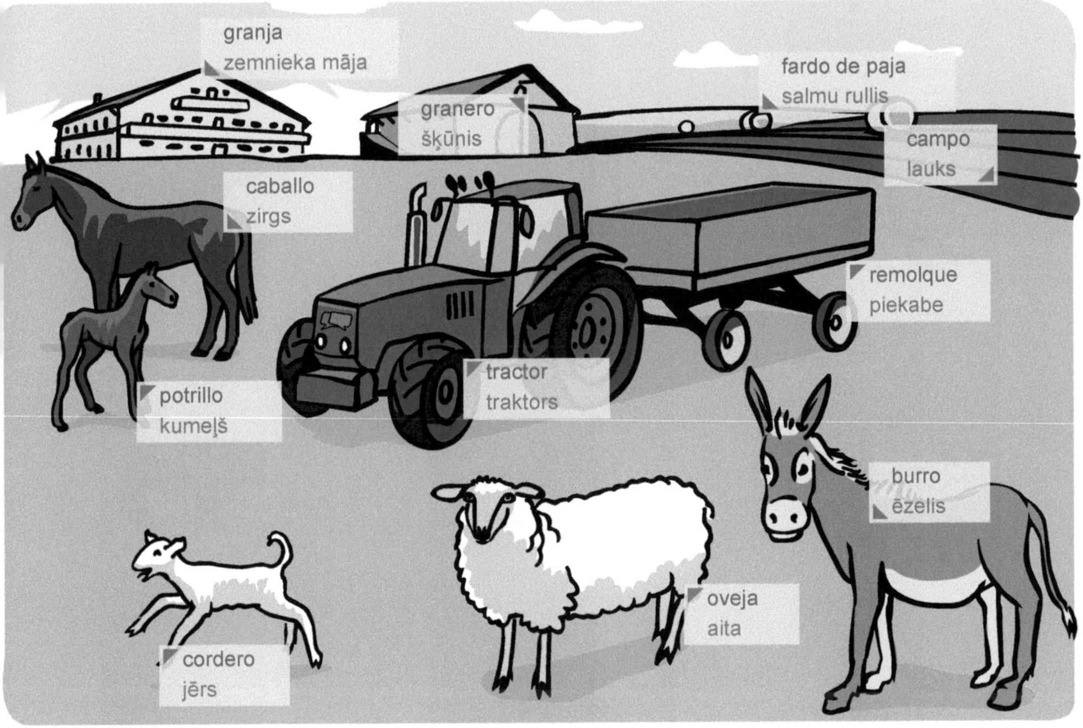
granja
zemnieka māja
granero
šķūnis
fardo de paja
salmu rullis
campo
lauks
caballo
zirgs
remolque
piekabe
tractor
traktors
potrillo
kumeļš
burro
ēzelis
oveja
aita
cordero
jērs

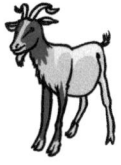

cabra

kaza

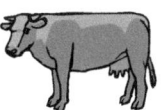

vaca

govs

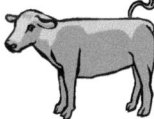

ternero

teļš

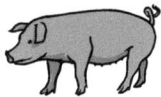

cerdo

cūka

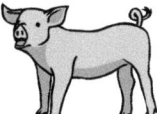

lechón

sivēns

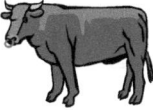

toro

bullis

ganso

zoss

pato

pīle

pollo

cālis

gallina

vista

gallo

gailis

rata

žurka

gato

kaķis

ratón

pele

buey

vērsis

perro

suns

cucha

suņa būda

manguera

dārza šļūtene

regadera

lejkanna

guadaña

izkapts

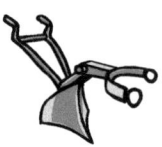

arado

arkls

hoz

sirpis

azada

kaplis

horquilla

mēslu dakša

hacha

cirvis

carretilla

ķerra

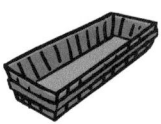

abrevadero

sile

lechera

piena kanna

bolsa

maiss

reja

žogs

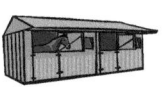

establo

kūts

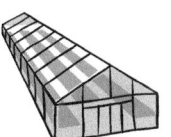

invernadero

siltumnīca

suelo

augsne

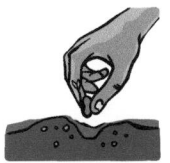

semilla

sēklas

fertilizador

mēslojums

cosechadora

kombains

cosechar

novākt ražu

cosecha

raža

batatas

jamss

trigo

kvieši

soja

soja

papa

kartupelis

maíz

kukurūza

semilla de colza

rapsis

árbol frutal

augļu koks

mandioca

manioka

cereales

labība

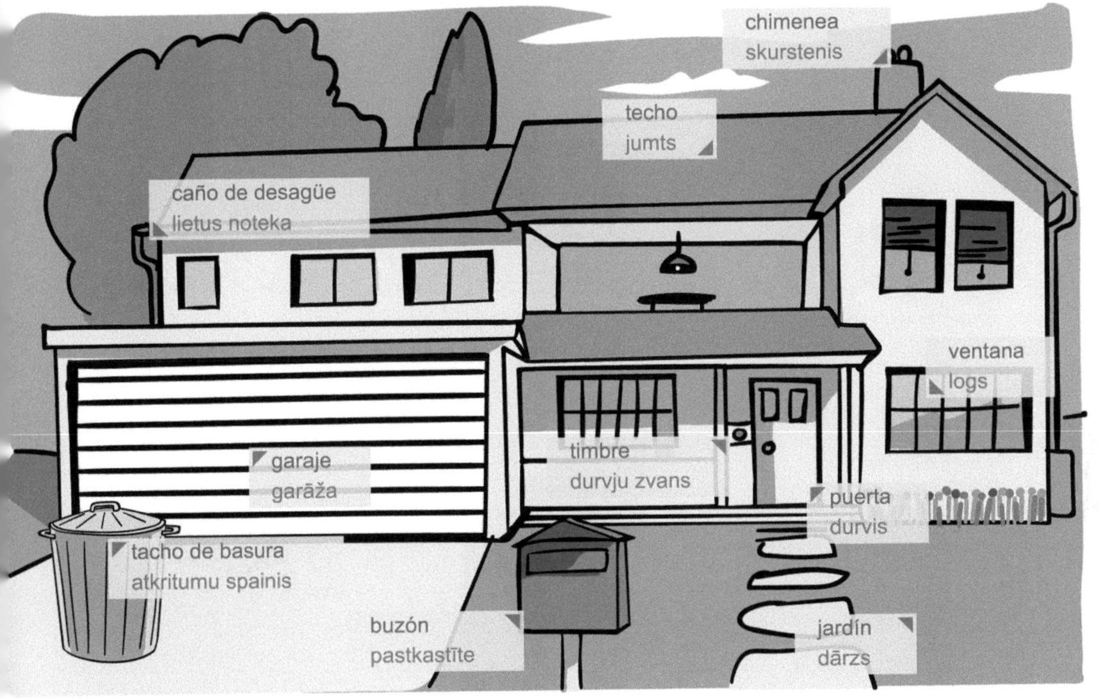

chimenea
skurstenis

techo
jumts

caño de desagüe
lietus noteka

ventana
logs

garaje
garāža

timbre
durvju zvans

puerta
durvis

tacho de basura
atkritumu spainis

buzón
pastkastīte

jardín
dārzs

living

viesistaba

baño

vannas istaba

cocina

virtuve

dormitorio

guļamistaba

cuarto de los chicos

bērnu istaba

comedor

ēdamistaba

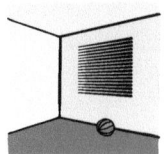

piso
grīda

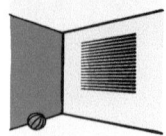

pared
siena

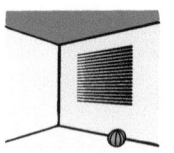

cielorraso
griesti

sótano
pagrabs

sauna
sauna

balcón
balkons

terraza
terase

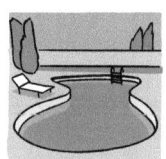

pileta
baseins

cortadora de pasto
zāles pļāvējs

sábana
gultas veļa

acolchado
sega

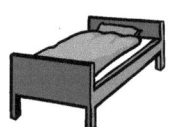

cama
gulta

escoba
slota

balde
spainis

interruptor
slēdzis

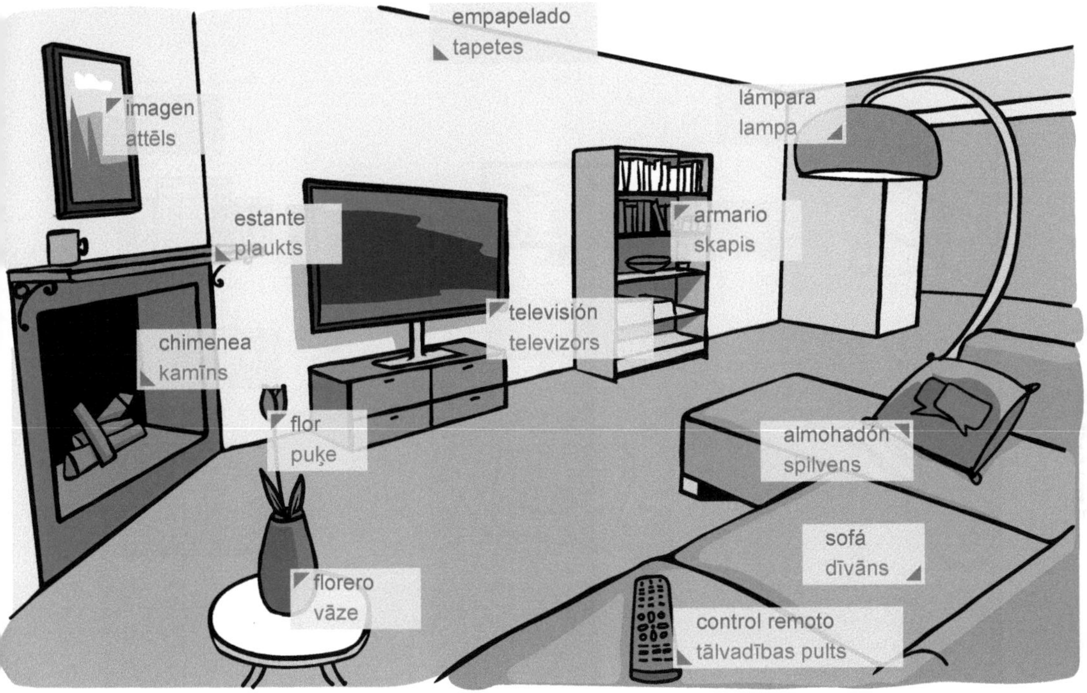

empapelado
tapetes

imagen
attēls

lámpara
lampa

estante
plaukts

armario
skapis

chimenea
kamīns

televisión
televizors

flor
puķe

almohadón
spilvens

sofá
dīvāns

florero
vāze

control remoto
tālvadības pults

alfombra

paklājs

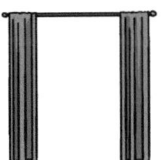

cortina

aizkars

mesa

galds

silla

krēsls

mecedora

šūpuļkrēsls

sillón

atpūtas krēsls

libro
grāmata

frazada
sega

decoración
dekorācija

leña
malka

película
filma

equipo de música
mūzikas centrs

llave
atslēga

diario
avīze

pintura
glezna

póster
plakāts

radio
radio

cuaderno
pierakstu blociņš

aspiradora
putekļu sūcējs

cactus
kaktuss

vela
svece

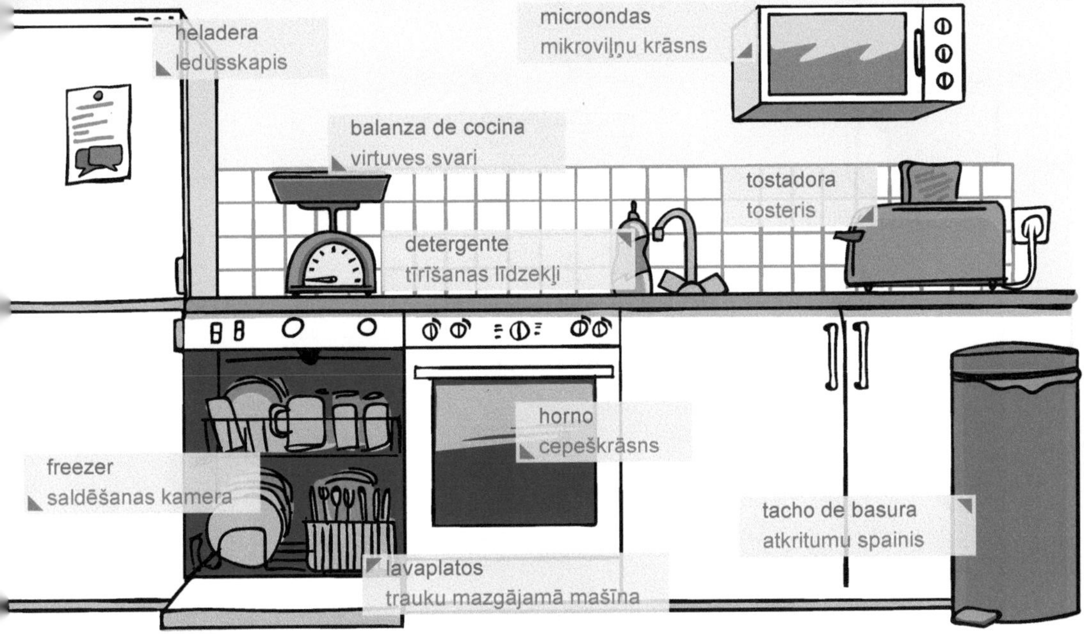

heladera
ledusskapis

microondas
mikroviļņu krāsns

balanza de cocina
virtuves svari

tostadora
tosteris

detergente
tīrīšanas līdzekļi

horno
cepeškrāsns

freezer
saldēšanas kamera

tacho de basura
atkritumu spainis

lavaplatos
trauku mazgājamā mašīna

cocina
plīts

olla
pods

olla de hierro fundido
katls

wok
Wok panna

sartén
panna

pava
elektriskā tējkanna

vaporera

tvaika katls

bandeja de horno

cepešpanna

vajilla

trauki

taza

krūze

bol

bļoda

palitos

irbulīši

cucharón

kauss

estpátula

lāpstiņa

batidora

putošanas slotiņa

colador

sietiņš

colador

siets

rallador

rīve

mortero

piesta

parrilla

grilēt

fogata

atklāts pavards

tabla de picar
dēlis

palo de amasar
mīklas rullis

sacacorchos
korķu viļķis

lata
bundža

abrelatas
konservu nazis

manopla
virtuves cimdi

pileta
izlietne

cepillo
birste

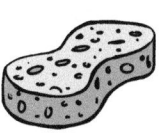

esponja
sūklis

batidora
mikseris

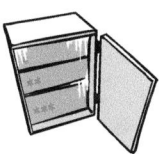

congelador
saldētava

mamadera
bērna pudelīte

canilla
ūdenskrāns

baño

vannas istaba

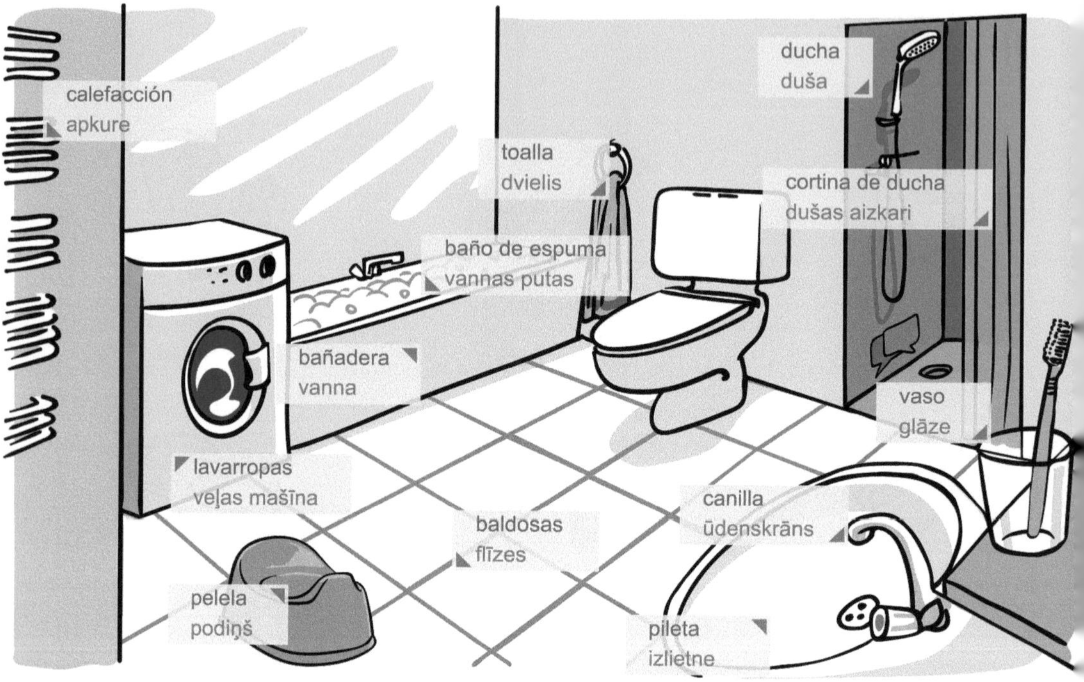

calefacción
apkure
ducha
duša
toalla
dvielis
cortina de ducha
dušas aizkari
baño de espuma
vannas putas
bañadera
vanna
vaso
glāze
lavarropas
veļas mašīna
canilla
ūdenskrāns
baldosas
flīzes
pelela
podiņš
pileta
izlietne

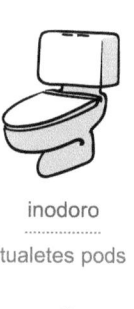

inodoro

tualetes pods

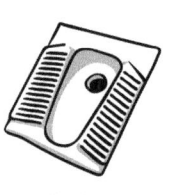

letrina

Āzijas tipa tualete

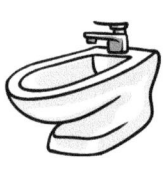

bidé

bidē

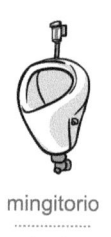

mingitorio

pisuārs

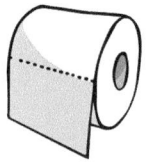

papel higiénico

tualetes papīs

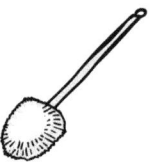

cepillo para el inodoro

tualetes birste

cepillo de dientes

zobu birste

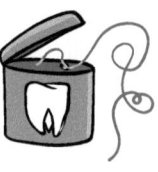

dentífrico

zobu pasta

hilo dental

zobu diegs

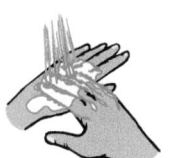

lavar

mazgāt

ducha de mano

rokas duša

ducha higiénica

duša

palangana

bļoda

cepillo para espalda

muguras mazgāšanas birste

jabón

ziepes

gel de ducha

dušas želeja

shampoo

šampūns

toallita

mazgāšanas drāna

desagüe

noteka

crema

krēms

desodorante

dezodorants

espejo

spogulis

espejito

spogulītis

maquinita de afeitar

skuveklis

espuma de afeitar

skūšanās putas

aftershave

losjons pēc skūšanās

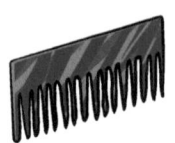

peine

ķemme

cepillo

matu suka

secador de pelo

matu fēns

spray

matu laka

maquillaje

grima komplekts

lápiz de labios

lūpu krāsa

esmalte para uñas

nagulaka

algodón

vate

tijera para uñas

šķērītes

perfume

smaržas

portacosméticos

kosmētikas maks

banqueta

ķeblītis

balanza

svari

bata

halāts

guantes de goma

tīrīšanas cimdi

tampón

tampons

toallita femenina

pakete

baño químico

ķīmiskā tualete

cuarto de los chicos

bērnu istaba

despertador
modinātājs
peluche
mīkstā rotaļlieta
coche de juguete
spēļu automašīna
sonajero
grabulis
casa de muñecas
leļļu māja
regalo
dāvana

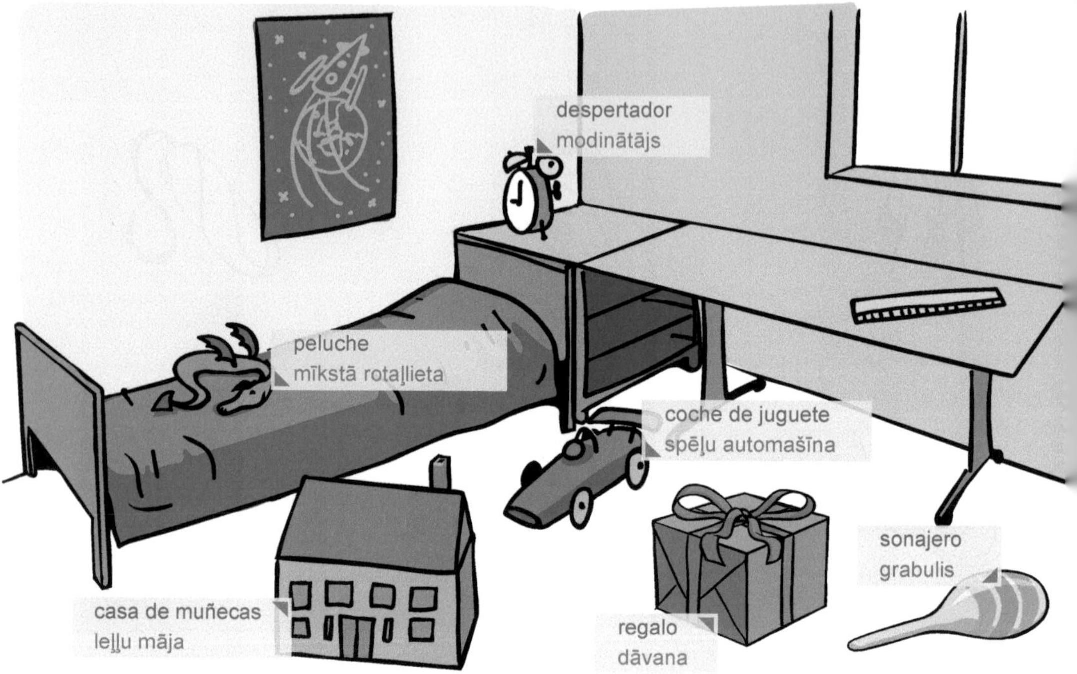

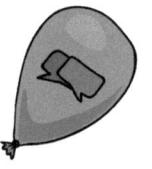

globo

balons

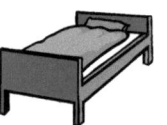

cama

gulta

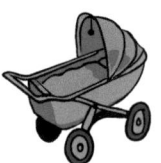

cochecito

bērnu ratiņi

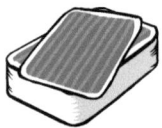

cartas

kārtis

rompecabezas

puzle

SUPER
MEGA

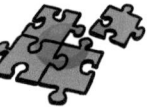

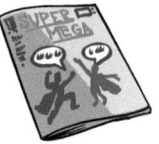

historieta

komikss

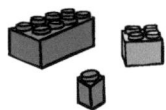

piezas de lego
LEGO klucīši

ladrillos de juguete
klucīši

figura de acción
varoņu figūra

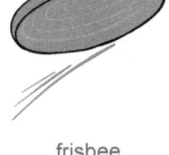

enterito (de bebé)
rāpulītis

frisbee
lidojošais šķīvītis

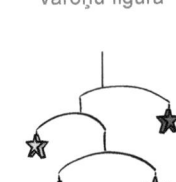

móvil para bebés
muzikālais karuselis

juego de mesa
galda spēle

dados
metamais kauliņš

tren eléctrico
rotaļu dzelzceļš

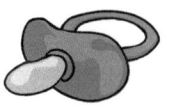

chupete
māneklis

fiesta
ballīte

libro de cuentos ilustrado

bilžu grāmata

pelota
bumba

muñeca
lelle

jugar
spēlēt

arenero

smilšu kaste

hamaca

šūpoles

juguetes

rotaļlietas

consola de videojuegos

spēļu konsole

triciclo

trīsritenis

osito de peluche

plīša lācītis

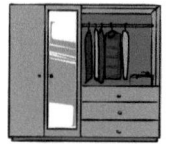

armario

drēbju skapis

ropa

apģērbs

medias

īszeķes

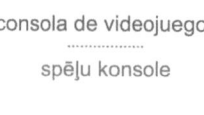

medias panty

zeķes

calzas

zeķbikses

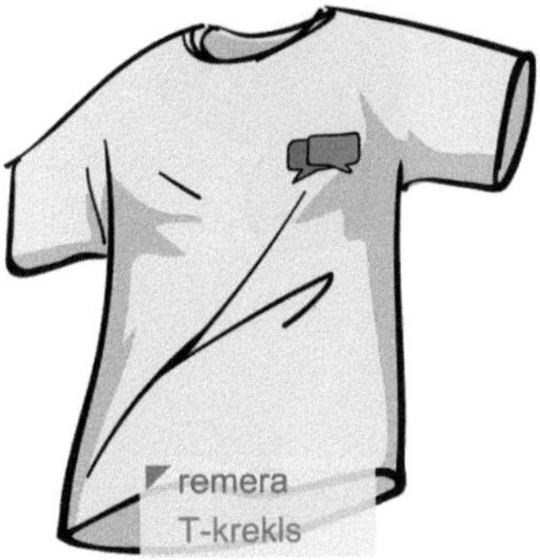

bufanda
šalle

cinturón
siksna

paraguas
lietussargs

remera
T-krekls

zapatillas
botas

botas
zābaks

pantuflas
čības

sandalias
....
sandales

zapatos
....
kurpes

botas de goma
....
gumijas zābaki

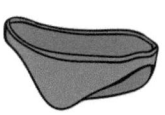

ropa interior
....
apakšbikses

corpiño
....
krūšturis

chaleco
....
apakškrekls

ropa - apģērbs

45

body
bodijs

pantalones
bikses

jeans
džinsi

pollera
svārki

blusa
blūze

camisa
krekls

pulóver
pulovers

buzo
džemperis

blazer
žakete

campera
jaka

tapado
mētelis

piloto
lietus mētelis

traje
kostīms

vestido
kleita

vestido de novia
kāzu kleita

traje

uzvalks

camisón

naktskrekls

pijama

pidžama

sari

sari

pañuelo para cabeza

lakats

turbante

turbāns

burka

burka

caftán

kaftāns

abaya

abaja

traje de baño

peldkostīms

short de baño

peldbikses

shorts

šorti

jogging

treniņtērps

delantal

priekšauts

guantes

cimdi

botón
poga

anteojos
brilles

pulsera
rokassprādze

collar
kaklarota

anillo
gredzens

aro
auskars

gorra
cepure

percha
drēbju pakaramais

sombrero
platmale

corbata
kaklasaite

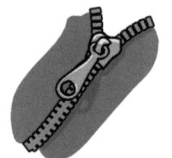

cierre
rāvējslēdzējs

casco
ķivere

tiradores
bikšturi

uniforme escolar
skolas forma

uniforme
uniforma

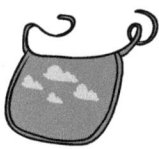

babero

priekšautiņš

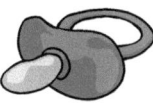

chupete

māneklis

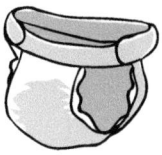

pañal

autiņbiksītes

oficina

birojs

servidor
serveris
archivero
dokumentu skapis
impresora
printeris
papel
papīrs
monitor
monitors
mouse
pele
escritorio
rakstāmgalds
carpeta
dokumentu vāki
teclado
klaviatūra
silla
krēsls
tacho (de basura)
papīrgrozs
computadora
dators

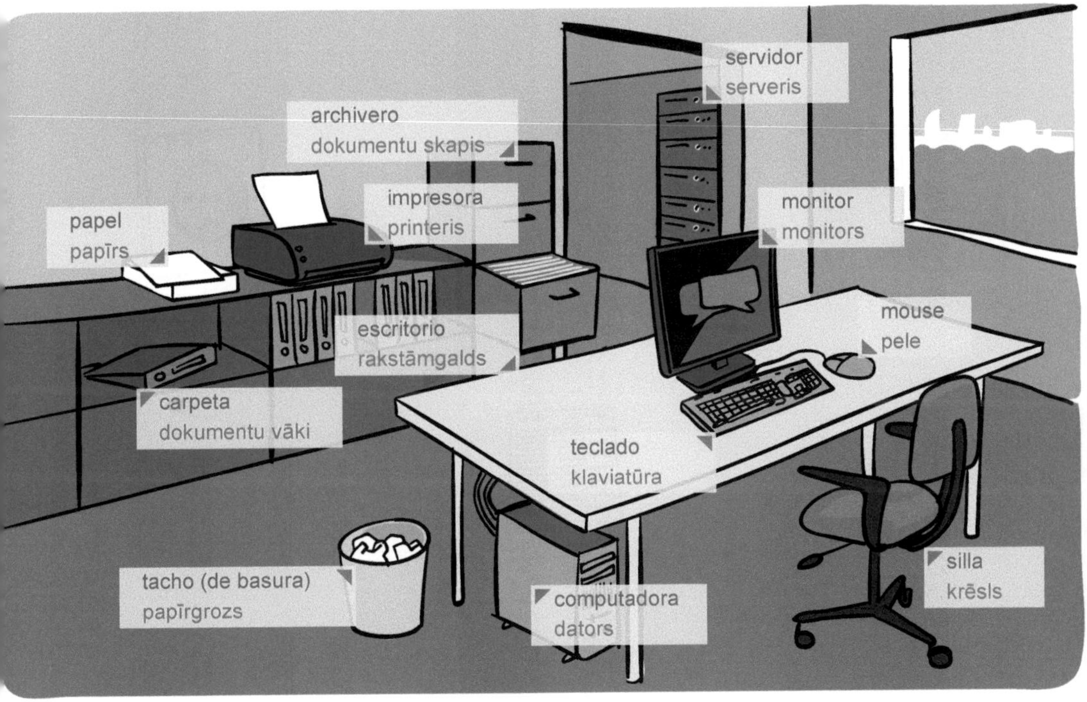

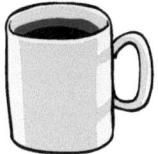

taza de café

kafijas krūze

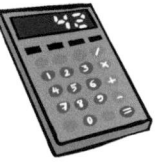

calculadora

kalkulators

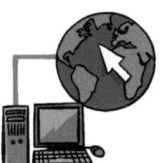

internet

internets

laptop

portatīvais dators

carta

vēstule

mensaje

ziņa

celular

mobilais tālrunis

red

tīkls

fotocopiadora

kopētājs

software

programmatūra

teléfono

telefons

tomacorriente

rozete

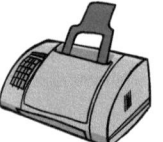

fax

faksa aparāts

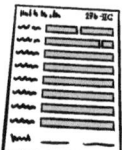

formulario

formulārs

documento

dokuments

comprar

pirkt

pagar

samaksāt

hacer negocios

tirgot

dinero

nauda

 **USD**

dólar

dolārs

 **EUR**

euro

eiro

 **JPY**

yen

jēna

 **RUB**

rublo

rublis

 **CHF**

franco suizo

franks

 **CNY**

yuan

juaņa renminbi

 **INR**

rupia

rūpija

cajero automático

bankomāts

casa de cambio

valūtas maiņas punkts

oro

zelts

plata

sudrabs

petróleo

nafta

energía

enerģija

precio

cena

contrato

līgums

impuesto

nodoklis

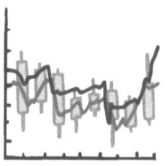

acción

akcija

trabajar

strādāt

empleado

darbinieks

empleador

darba devējs

fábrica

fabrika

negocio

veikals

ocupaciones
profesijas

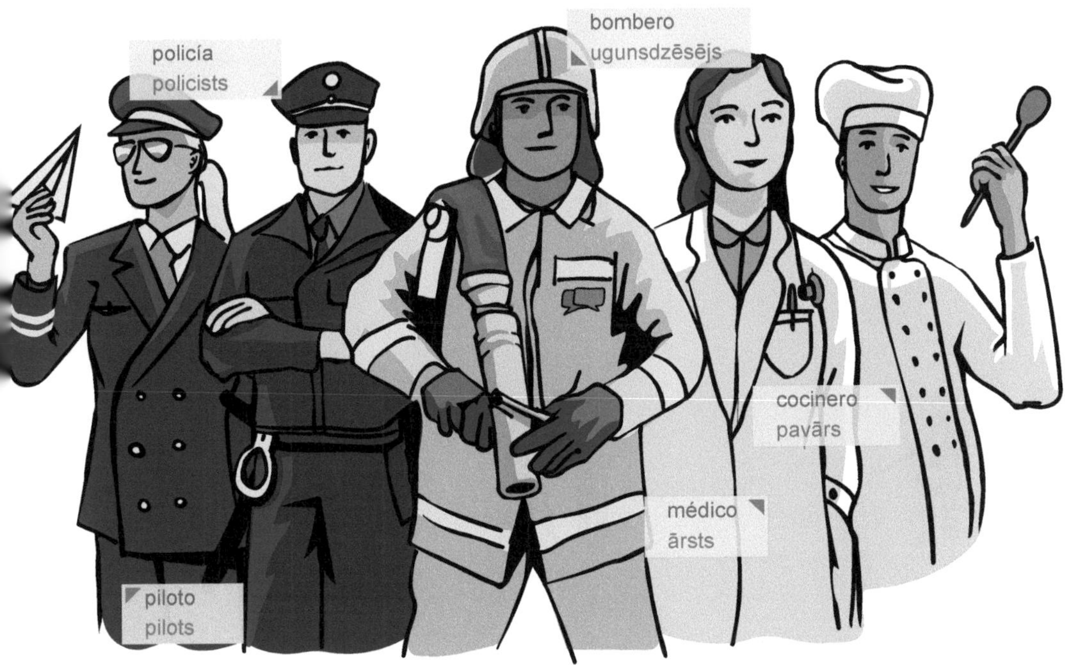

policía
policists
bombero
ugunsdzēsējs
cocinero
pavārs
médico
ārsts
piloto
pilots

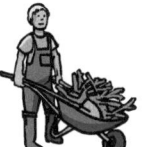

jardinero

dārznieks

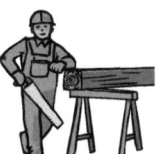

carpintero

galdnieks

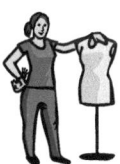

modista

šuvēja

juez

tiesnesis

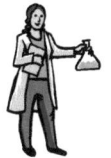

farmacéutico

ķīmiķis

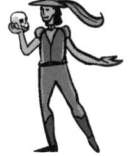

actor

aktieris

colectivero

autobusa vadītājs

taxista

taksometra vadītājs

pescador

zvejnieks

mucama

apkopēja

techista

jumiķis

mozo

viesmīlis

cazador

mednieks

pintor

gleznotājs

panadero

maiznieks

electricista

elektriķis

albañil

celtnieks

ingeniero

inženieris

carnicero

miesnieks

plomero

skārdnieks

cartero

pastnieks

soldado

karavīrs

arquitecto

arhitekts

cajero

kasieris

florista

florists

peluquero

frizieris

cobrador

konduktors

mecánico

mehāniķis

capitán

kapteinis

dentista

zobārsts

científico

zinātnieks

rabino

rabīns

imán

imāms

monje

mūks

sacerdote

mācītājs

herramientas
instrumenti

martillo
āmurs
tenaza
knaibles
destornillador
skrūvgriezis
llave
uzgriežņu atslēga
linterna
kabatas lukturītis

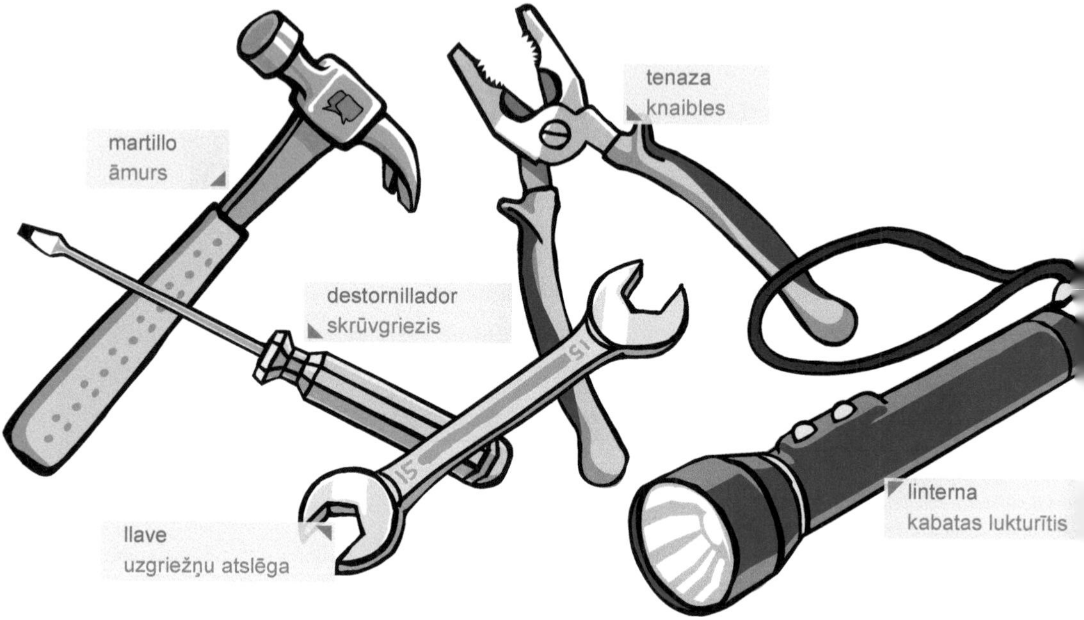

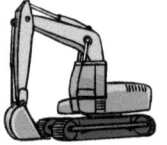

excavadora

ekskavators

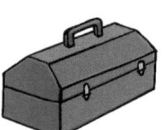

caja de herramientas

instrumentu kaste

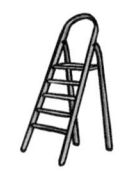

escalera portátil

kāpnes

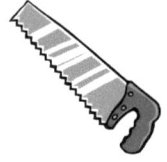

sierra

zāģis

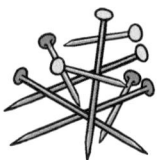

clavos

naglas

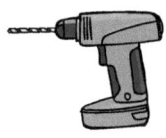

taladro

urbis

arreglar

remontēt

pala de jardín

lāpsta

¡Qué bronca!

Velns!

pala de plástico

liekšķere

tacho de pintura

krāsas bundža

tornillos

skrūves

instrumentos musicales

mūzikas instrumenti

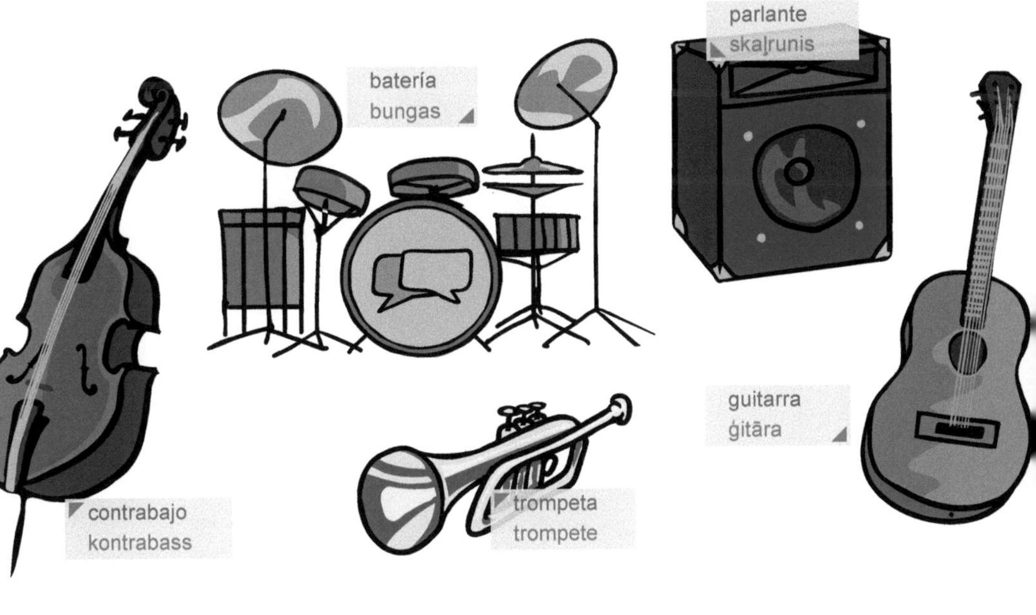

parlante
skaļrunis

batería
bungas

guitarra
ģitāra

contrabajo
kontrabass

trompeta
trompete

piano

klavieres

violín

vijole

bajo

bass

timbales

timpāni

tambor

bungas

teclado

digitālās klavieres

saxofón

saksofons

flauta

flauta

micrófono

mikrofons

zoológico
zooloģiskais dārzs

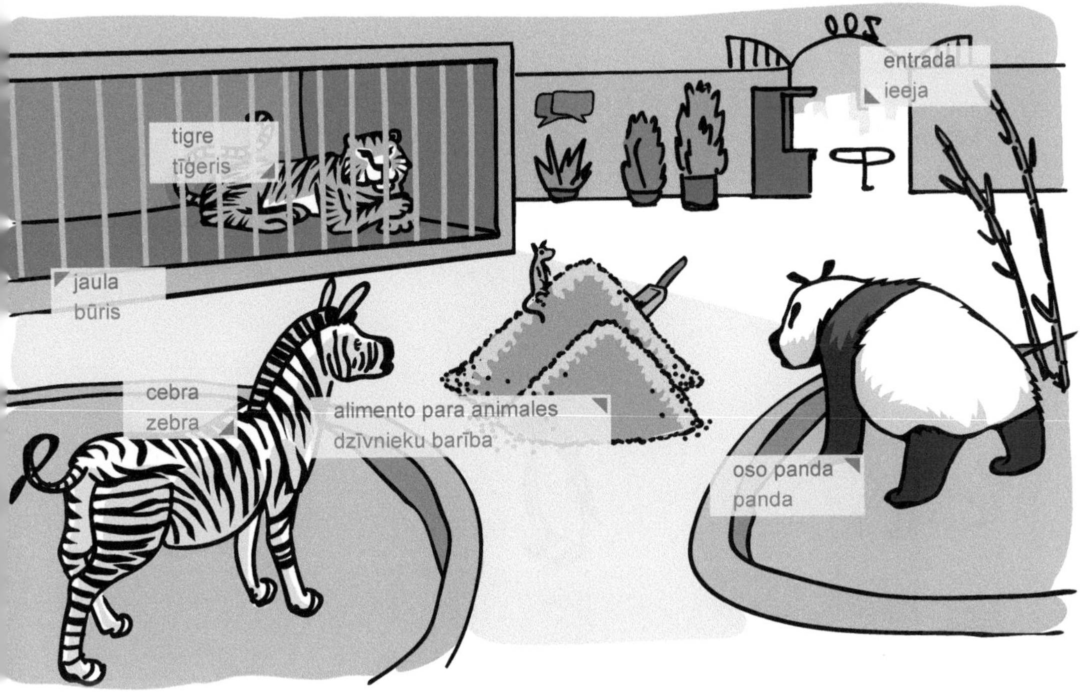

zoo
entrada
ieeja
tigre
tīģeris
jaula
būris
cebra
zebra
alimento para animales
dzīvnieku barība
oso panda
panda

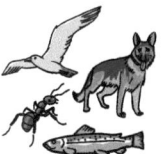

animales
dzīvnieki

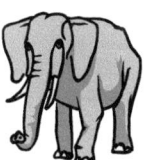

elefante
zilonis

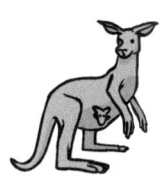

canguro
ķengurs

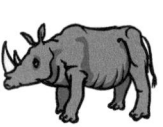

rinoceronte
degunradzis

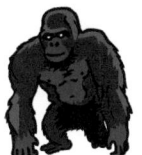

gorila
gorilla

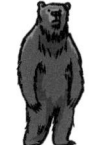

oso
lācis

camello

kamielis

avestruz

strauss

león

lauva

mono

pērtiķis

flamenco

flamings

loro

papagailis

oso polar

polārlācis

pingüino

pingvīns

tiburón

haizivs

pavo real

pāvs

serpiente

čūska

cocodrilo

krokodils

cuidador del zoológico

zoodārza sargs

foca

ronis

jaguar

jaguārs

poni

ponijs

leopardo

leopards

hipopótamo

nīlzirgs

jirafa

žirafe

águila

ērglis

jabalí

meža cūka

pescado

zivs

tortuga

bruņurupucis

morsa

valzirgs

zorro

lapsa

gacela

gazele

fútbol americano
amerikāņu futbols

ciclismo
riteņbraukšana

tenis
teniss

básquet
basketbols

natación
peldēšana

boxeo
bokss

hockey sobre hielo
hokejs

fútbol
futbols

bádminton
badmintons

atletismo
vieglatlētika

handball
rokas bumba

esquí
slēpošana

polo
polo

saltar
lēkt

reír
smieties

abrazar
apskaut

cantar
dziedāt

caminar
iet

rezar
lūgt

besar
skūpstīt

soñar
sapņot

escribir
rakstīt

dibujar
zīmēt

mostrar
rādīt

presionar
spiest

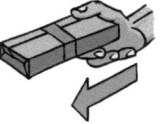

dar
dot

tomar
ņemt

actividades - darbības

63

tener
....
būt

hacer
....
darīt

ser
....
būt

estar parado
....
stāvēt

correr
....
skriet

tirar
....
vilkt

tirar
....
mest

caer
....
krist

estar acostado
....
gulēt

esperar
....
gaidīt

llevar
....
nest

estar sentado
....
sēdēt

vestirse
....
uzģērbt

dormir
....
gulēt

despertar
....
pamosties

mirar

skatīties

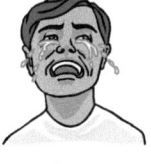

llorar

raudāt

acariciar

glāstīt

peinar

ķemmēt

hablar

runāt

entender

saprast

preguntar

jautāt

escuchar

dzirdēt

beber

dzert

comer

ēst

ordenar

sakārtot

amar

mīlēt

cocinar

vārīt

manejar

braukt

volar

lidot

navegar
burot

calcular
rēķināt

leer
lasīt

aprender
mācīties

trabajar
strādāt

casarse
precēties

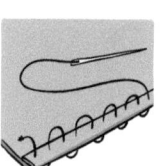

coser
šūt

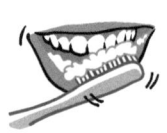

cepillarse los dientes
tīrīt zobus

matar
nogalināt

fumar
smēķēt

enviar
sūtīt

familia
ģimene

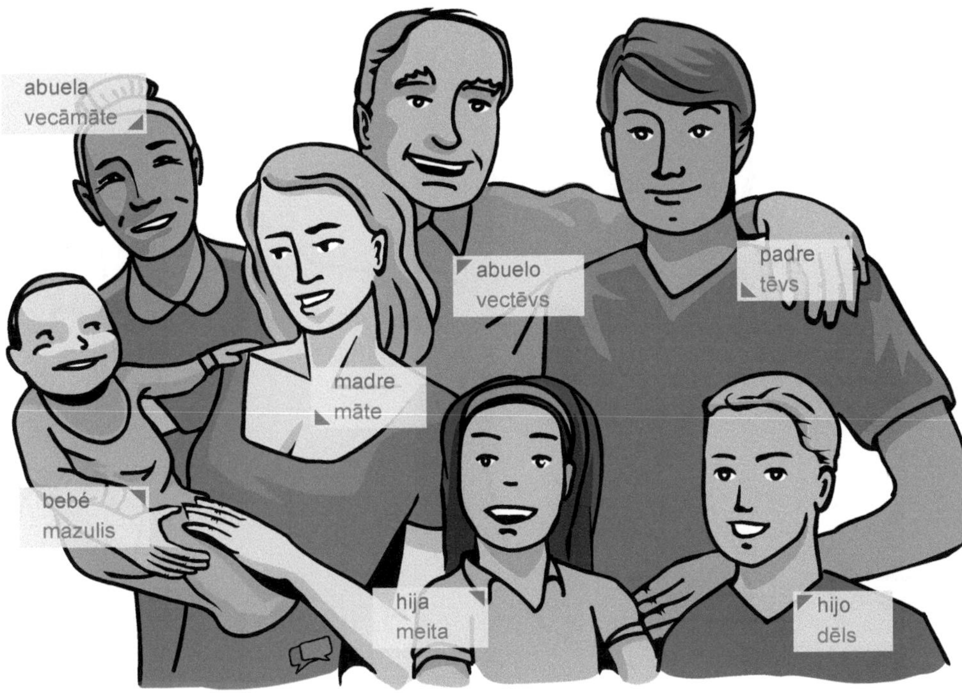

abuela
vecāmāte
abuelo
vectēvs
padre
tēvs
madre
māte
bebé
mazulis
hija
meita
hijo
dēls

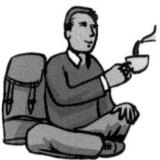

invitado

viesis

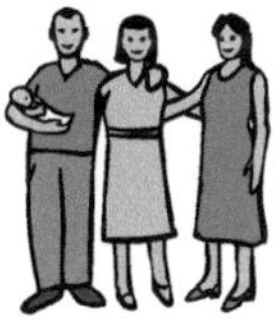
tía

tante

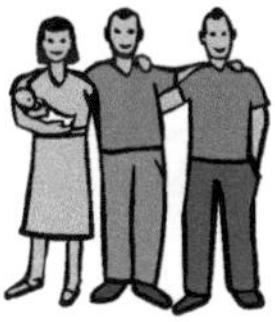
tío

onkulis

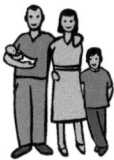

hermano

brālis

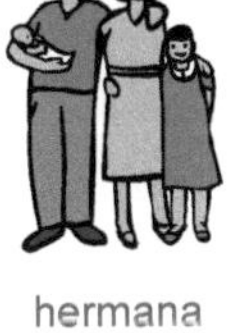
hermana

māsa

cuerpo
ķermenis

frente
piere
ojo
acs
hombro
plecs
dedo
pirksts
cara
seja
pera
zods
mano
roka
pierna
kāja
pecho
krūtis
brazo
roka

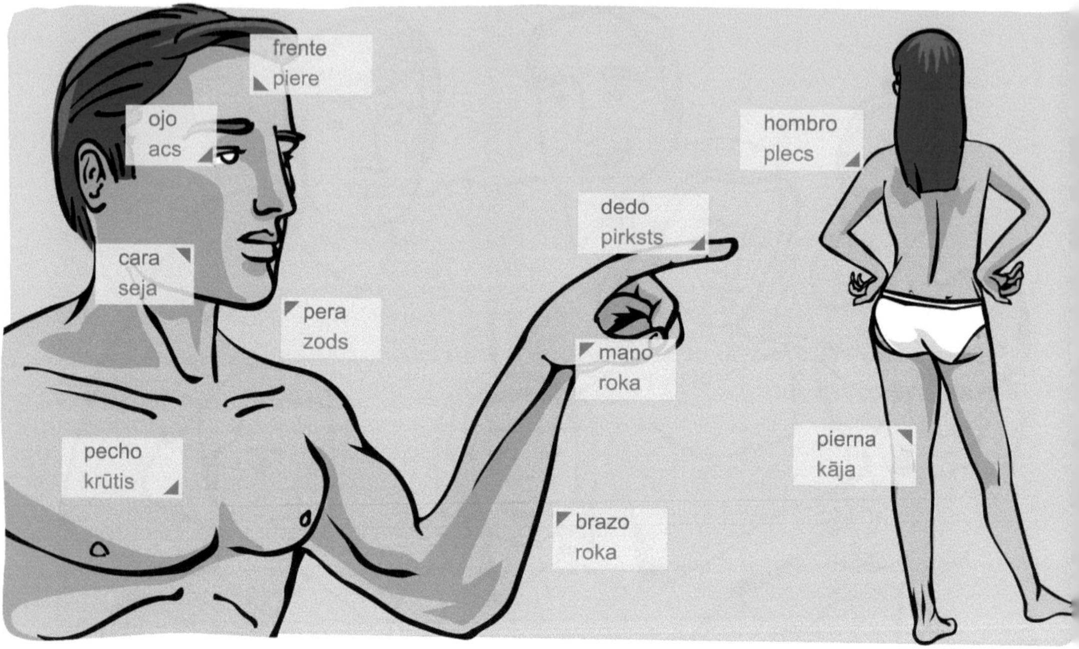

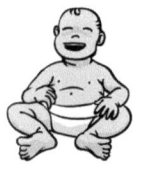

bebé
mazulis

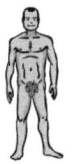

hombre
vīrietis

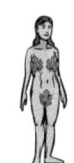

mujer
sieviete

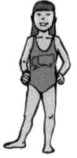

nena
meitene

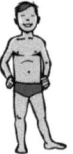

nene
zēns

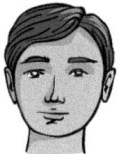

cabeza
galva

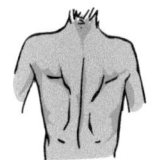

espalda

mugura

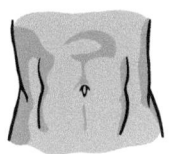

panza

vēders

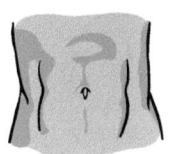

ombligo

naba

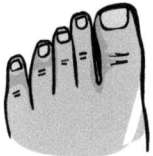

dedo del pie

kājas pirksts

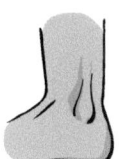

talón

papēdis

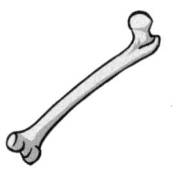

hueso

kauls

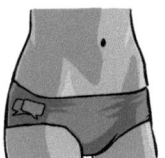

cadera

gurns

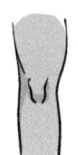

rodilla

celis

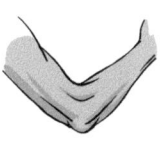

codo

elkonis

nariz

deguns

cola

dibens

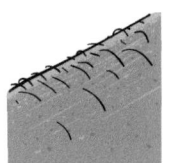

piel

āda

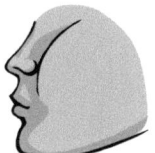

cachete

vaigs

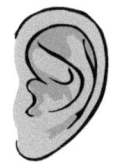

oreja

auss

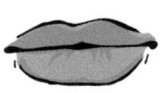

labio

lūpa

boca
mute

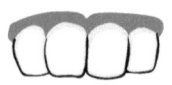

diente
zobs

lengua
mēle

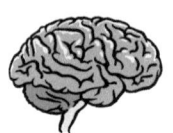

cerebro
smadzenes

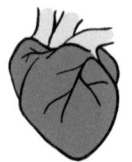

corazón
sirds

músculo
muskulis

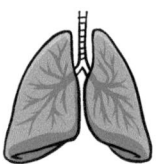

pulmón
plaušas

hígado
aknas

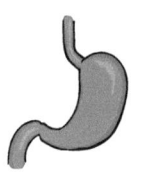

estómago
kuņģis

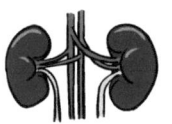

riñones
nieres

sexo
dzimumakts

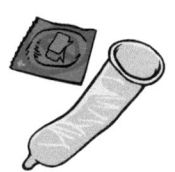

preservativo
kondoms

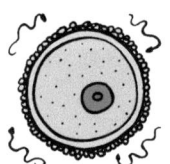

óvulo
olšūna

semen
sperma

embarazo
grūtniecība

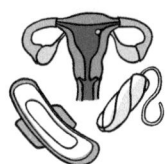

menstruación

menstruācijas

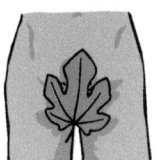

vagina

vagīna

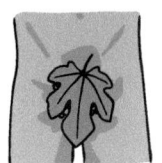

pene

penis

ceja

uzacs

pelo

mati

cuello

kakls

hospital
slimnīca

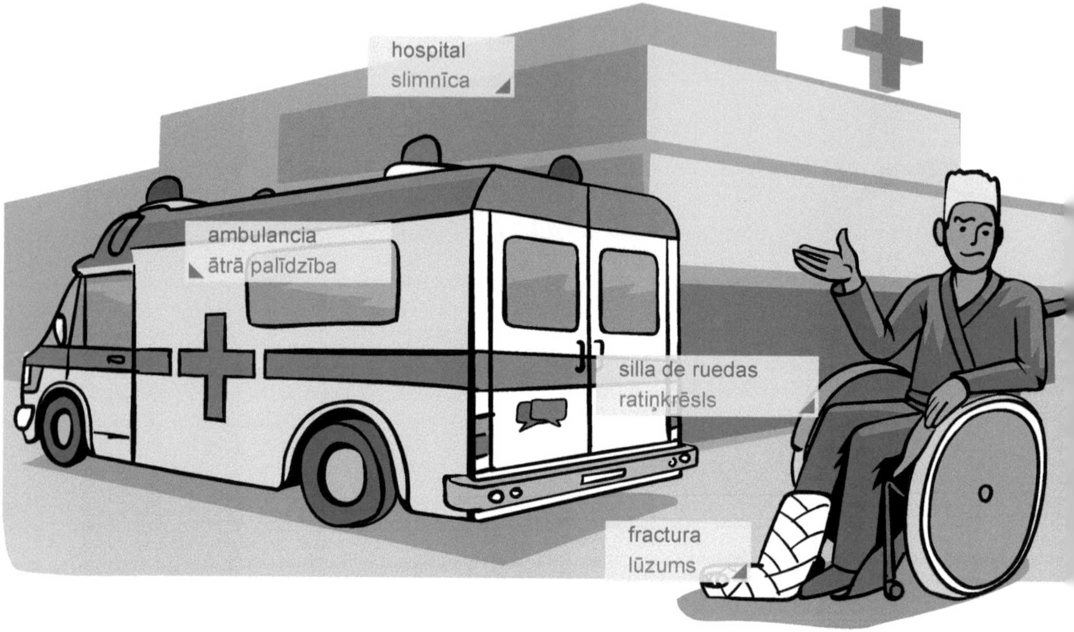

hospital
slimnīca
ambulancia
ātrā palīdzība
silla de ruedas
ratiņkrēsls
fractura
lūzums

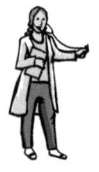

médico

ārsts

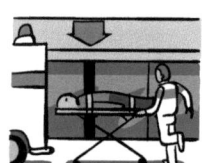

sala de guardia

neatliekamās palīdzības nodaļa

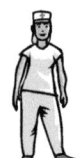

enfermera

medmāsa

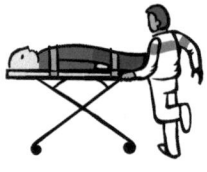

emergencia

ārkārtas gadījums

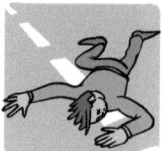

inconsciente

paģībis

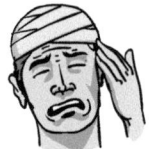

dolor

sāpes

lesión

ievainojums

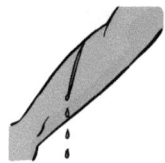

hemorragia

asiņošana

infarto

sirdslēkme

ACV

insults

alergia

alerģija

tos

klepus

fiebre

temperatūra

gripe

gripa

diarrea

caureja

dolor de cabeza

galvassāpes

cáncer

vēzis

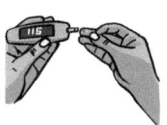

diabetes

diabēts

cirujano

ķirurgs

bisturí

skalpelis

operación

operācija

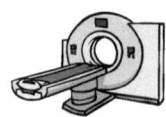

TC
datortomogrāfija

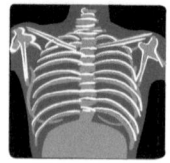

rayos x
rentgents

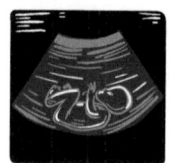

ecografía
ultraskaņa

barbijo
sejas maska

enfermedad
slimība

sala de espera
uzgaidāmā telpa

muleta
kruķis

curita
plāksteris

venda
apsējs

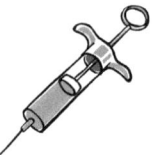

inyección
injekcija

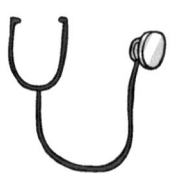

estetoscopio
stetoskops

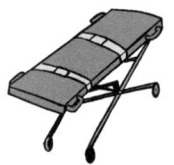

camilla
nestuves

termómetro
termometrs

nacimiento
dzemdības

sobrepeso
liekais svars

audífono

dzirdes aparāts

desinfectante

dezinfekcijas līdzeklis

infección

infekcija

virus

vīruss

VIH / SIDA

HIV / AIDS

remedio

zāles

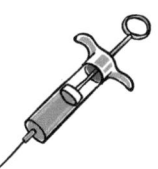

vacunación

pote

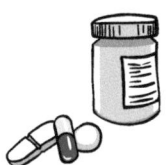

comprimidos

tabletes

pastilla anticonceptiva

pretapauglošanās tablete

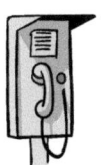

llamada de emergencia

ārkārtas izsaukums

tensiómetro

asinsspiediena mērītājs

enfermo / sano

slims / vesels

¡Ayuda!

Palīgā!

alarma

trauksme

agresión

uzbrukums

ataque

uzbrukums

peligro

bīstamība

salida de emergencia

avārijas izeja

¡Fuego!

Uguns!

matafuego

ugunsdzēšamais aparāts

accidente

negadījums

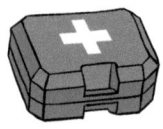

botiquín de primeros auxilios

pirmās palīdzības aptieciņa

SOS

SOS

policía

policija

Europa

Eiropa

América del Norte

Ziemeļamerika

América del Sur

Dienvidamerika

África

Āfrika

Asia

Āzija

Australia

Austrālija

Atlántico

Atlantijas okeāns

Pacífico

Klusais okeāns

Océano Índico

Indijas okeāns

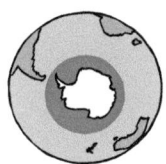

Océano Antártico

Dienvidu okeāns

Océano Ártico

Ziemeļu ledus okeāns

polo norte

Ziemeļpols

polo sur

Dienvidpols

Antártida

Antarktika

Tierra

zeme

tierra

zeme

mar

jūra

isla

sala

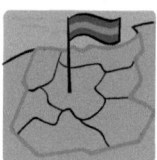

nación

nācija

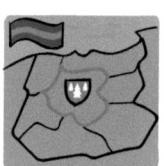

estado

valsts

esfera

ciparnīca

manecilla de las horas

stundu rādītājs

minutero

minūšu rādītājs

segundero

sekunžu rādītājs

¿Qué hora es?

Cik ir pulkstenis?

día

diena

hora

laiks

ahora

tagad

reloj digital

digitālais pulkstenis

minuto

minūte

hora

stunda

semana
nedēļa

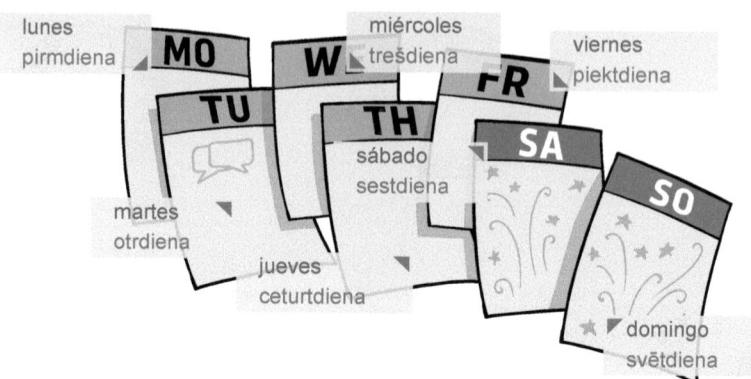

lunes
pirmdiena

miércoles
trešdiena

viernes
piektdiena

martes
otrdiena

sábado
sestdiena

jueves
ceturtdiena

domingo
svētdiena

ayer

vakardien

hoy

šodien

mañana

rītdien

mañana

rīts

mediodía

pusdienlaiks

tarde

vakars

MO	TU	WE	TH	FR	SA	SU
1	2	3	4	5	6	7
8	9	10	11	12	13	14
15	16	17	18	19	20	21
22	23	24	25	26	27	28
29	30	31	1	2	3	4

días hábiles

darbadienas

MO	TU	WE	TH	FR	SA	SU
1	2	3	4	5	6	7
8	9	10	11	12	13	14
15	16	17	18	19	20	21
22	23	24	25	26	27	28
29	30	31	1	2	3	4

fin de semana

brīvdienas

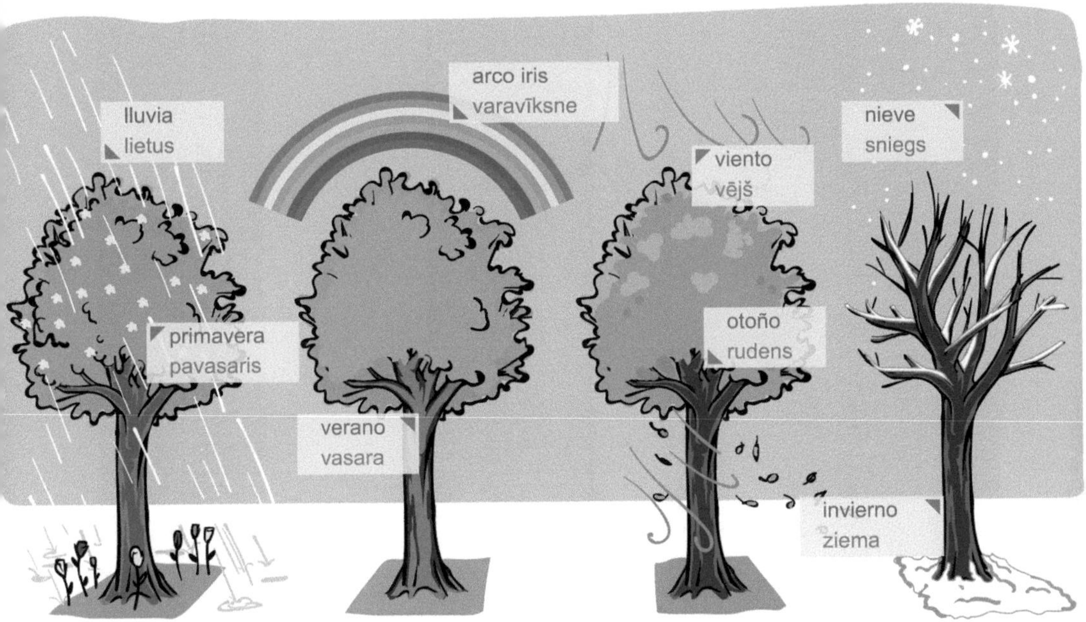

lluvia
lietus
arco iris
varavīksne
nieve
sniegs
viento
vējš
primavera
pavasaris
otoño
rudens
verano
vasara
invierno
ziema

4.APRIL 11°
5.APRIL 4°
6.APRIL 13°
7.APRIL 8°
8.APRIL 10°

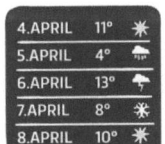

pronóstico meteorológico

laika prognoze

F C
120 40
30
90 20
60 10
30 0
0 -10
-30 -20

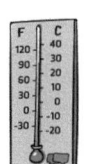

termómetro

termometrs

luz del sol

saules gaisma

nube

mākonis

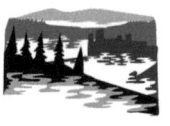

niebla

migla

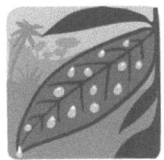

humedad

gaisa mitrums

rayo

zibens

trueno

pērkons

tormenta

vētra

granizo

krusa

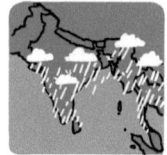

monzón

musons

inundación

plūdi

hielo

ledus

enero

janvāris

febrero

februāris

marzo

marts

abril

aprīlis

mayo

maijs

junio

jūnijs

julio

jūlijs

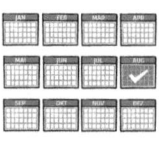

agosto

augusts

año - gads

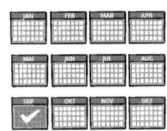

septiembre
....
septembris

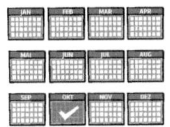

octubre
....
oktobris

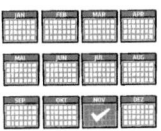

noviembre
....
novembris

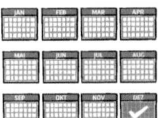

diciembre
....
decembris

formas

formas

círculo
....
aplis

cuadrado
....
kvadrāts

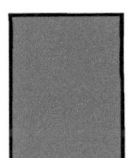

rectángulo
....
četrstūris

triángulo
....
trīsstūris

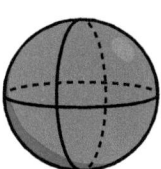

esfera
....
lode

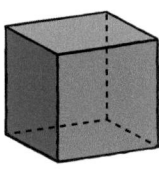

cubo
....
kubs

blanco

balts

amarillo

dzeltens

naranja

oranžs

rosa

sārts

rojo

sarkans

violeta

lillā

azul

zils

verde

zaļš

marrón

brūns

gris

pelēks

negro

melns

mucho / poco

daudz / maz

enojado / tranquilo

saniknots / miermīlīgs

lindo / feo

skaists / neglīts

principio / fin

sākums / beigas

grande / chico

liels / mazs

claro / oscuro

gaišs / tumšs

hermano / hermana

brālis / māsa

limpio / sucio

tīrs / netīrs

completo / incompleto

pilnīgs / nepilnīgs

día / noche

diena / nakts

muerto / vivo

miris / dzīvs

ancho / angosto

plats / šaurs

comestible / no comestible

baudāms / nebaudāms

malo / amable

nikns / laipns

entusiasmado / aburrido

satraukts / garlaikots

gordo / flaco

resns / tievs

primero / último

pirmais /pēdējais

amigo / enemigo

draugs / ienaidnieks

lleno / vacío

pilns / tukšs

duro / blando

ciets / mīksts

pesado / liviano

smags / viegls

hambre / sed

izsalkums / slāpes

enfermo / sano

slims / vesels

ilegal / legal

nelegāls / legāls

inteligente / estúpido

inteliģents / dumjš

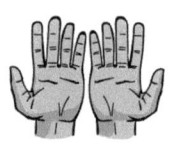

izquierda / derecha

kreisais / labais

cerca / lejos

tuvu / tālu

nuevo / usado

jauns / lietots

nada / algo

nekas / kaut kas

viejo / joven

vecs / jauns

encendido / apagado

ieslēgts / izslēgts

abierto / cerrado

atvērts / slēgts

silencioso / ruidoso

kluss / skaļš

rico / pobre

bagāts / nabags

correcto / incorrecto

pareizi / nepareizi

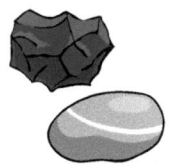

áspero / suave

raupjš / gluds

triste / contento

noskumis / laimīgs

corto / largo

īss / garš

lento / rápido

lēns / ātrs

mojado / seco

slapjš / sauss

caliente / frío

silts / vēss

guerra / paz

karš / miers

0
cero
nulle

1
uno
viens

2
dos
divi

3
tres
trīs

4
cuatro
četri

5
cinco
pieci

6
seis
seši

7
siete
septiņi

8
ocho
astoņi

9
nueve
deviņi

10
diez
desmit

11
once
vienpadsmit

12

doce

divpadsmit

13

trece

trīspadsmit

14

catorce

četrpadsmit

15

quince

piecpadsmit

16

dieciséis

sešpadsmit

17

diecisiete

septiņpadsmit

18

dieciocho

astoņpadsmit

19

diecinueve

deviņpadsmit

20

veinte

divdesmit

100

cien

simts

1.000

mil

tūkstotis

1.000.000

millón

miljons

inglés

angļu

inglés americano

amerikāņu angļu

chino mandarín

ķīniešu mandarīnu valoda

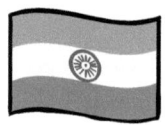

hindi

hindi

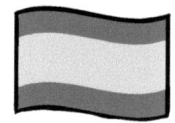

español

spāņu

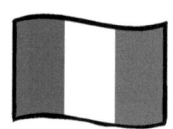

francés

franču

árabe

arābu

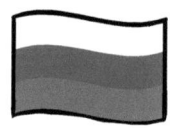

ruso

krievu

portugués

portugāļu

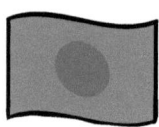

bengalí

bengāļu

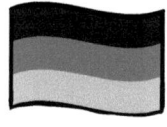

alemán

vācu

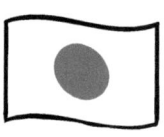

japonés

japāņu

yo

es

vos

tu

él / ella

viņš / viņa

nosotros

mēs

ustedes

jūs

ellos

viņi / viņas

¿quién?

kas?

¿qué?

ko?

¿cómo?

kā?

¿dónde?

kur?

¿cuándo?

kad?

nombre

vārds

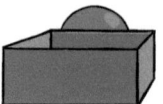

detrás

aiz

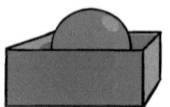

en

iekšā

adelante de

priekšā

por encima de

virs

sobre

uz

debajo de

zem

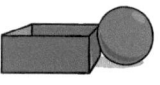

al lado de

blakus

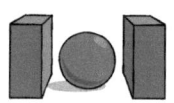

entre

starp

lugar

vieta